Vom Aufschieber zum Anpacker

von Frank Kralemann

Buchbeschreibung:

Unser Ziel in diesem Buch ist es, Ihnen zu helfen, Ihr persönliches Aufschiebeverhalten zu erkennen, zu verstehen und schließlich zu überwinden. Wir werden Ihnen praktische Strategien, Techniken und Tipps an die Hand geben, um Ihre Aufgaben systematisch anzugehen und Ihre Ziele konsequent zu erreichen.

Über den Autor:

Frank Kralemann ist ein renommierter Autor, der seit 2006 eine beeindruckende Auswahl an Sachbüchern und Prosa verfasst hat. Als gebürtiger Bewohner des malerischen Teutoburger Waldes schöpft er Inspiration aus der natürlichen Schönheit seiner Umgebung, die sich oft in seinen Werken widerspiegelt.

Vom Aufschieber zum Anpacker

Die erlernbare Kunst der Selbstüberwindung

von Frank Kralemann

1. Auflage, 2023

© 2023, Frank Kralemann

Alle Rechte vorbehalten.

Herstellung und Verlag:

BoD – Books on Demand, Norderstedt

ISBN: 9783752842609

Inhaltsverzeichnis

Einleitung

Willkommen zu „Vom Aufschieber zum Anpacker: Die erlernbare Kunst der Selbstüberwindung"

In diesem Buch nehmen wir uns eines der größten Hindernisse auf dem Weg zum Erfolg vor: das Aufschieben, auch bekannt als Prokrastination. Fast jeder kennt das Gefühl, wichtige Aufgaben aufzuschieben, weil sie schwierig, unangenehm oder einfach langweilig erscheinen. In solchen Momenten sind Ablenkungen und Ausreden leicht zu finden. Doch dieses Verhalten hat seinen Preis: verpasste Chancen, unnötigen Stress und das Gefühl des Versagens.

Unser Ziel in diesem Buch ist es, Ihnen zu helfen, Ihr persönliches Aufschiebeverhalten zu erkennen, zu verstehen und schließlich zu überwinden. Wir werden Ihnen praktische Strategien, Techniken und Tipps an die Hand geben, um Ihre Aufgaben systematisch anzugehen und Ihre Ziele konsequent zu erreichen. Durch die Umsetzung dieser Methoden werden Sie lernen, wie Sie Ihre Willenskraft stärken, Ihre Selbstregulation verbessern und den Teufelskreis der Prokrastination durchbrechen können.

In den folgenden Kapiteln werden wir uns mit verschiedenen Aspekten des Aufschiebens beschäftigen, von den psychologischen Mechanismen, die diesem Verhalten zugrunde liegen, bis hin zu den Auswirkungen, die es auf Ihr Leben haben kann. Wir werden bewährte Methoden aus den Bereichen Zeitmanagement, Selbstreflexion und Motivation untersuchen, um Ihnen zu zeigen, wie Sie diese Werkzeuge nutzen können, um ins Handeln zu kommen und Ihre Träume in die Realität umzusetzen.

Einführung

In diesem Kapitel wird die Bedeutung des Themas Aufschieben und seine Auswirkungen auf unser Leben erläutert. Wir stellen das Ziel des Buches vor und geben eine kurze Einführung in die verschiedenen Themenbereiche, die behandelt werden.

Psychologische Grundlagen des Aufschiebens

2.1. Kurzfristige Belohnung und Langzeitfolgen: Dieser Abschnitt beschreibt, wie das Streben nach sofortiger Befriedigung zu Aufschieben führt und warum es so schwer ist, sich langfristigen Zielen zu widmen.

2.2. Angst vor Versagen: Hier untersuchen wir, wie die Angst vor Versagen und Misserfolg dazu führt, dass Menschen Aufgaben aufschieben, um sich vor negativen Emotionen zu schützen.

2.3. Perfektionismus: In diesem Abschnitt wird erläutert, wie Perfektionismus zu Aufschieben führen kann, indem Menschen die perfekten Bedingungen oder den perfekten Zeitpunkt abwarten.

2.4. Entscheidungsunfähigkeit: Wir betrachten, wie Entscheidungsunfähigkeit und Schwierigkeiten bei der Priorisierung von Aufgaben zum Aufschieben führen können.

Konditionierung und Aufschieben

3.1. Klassische Konditionierung: In diesem Abschnitt untersuchen wir, wie klassische Konditionierung dazu beiträgt, Aufschieben als Verhalten zu etablieren und aufrechtzuerhalten.

3.2. Operante Konditionierung: Hier beschreiben wir, wie operante Konditionierung das Aufschieben verstärkt und welche Strategien verwendet

werden können, um diese Verstärkung zu durchbrechen.

Persönliches Aufschieben

4.1. Horizontales Aufschieben: Dieser Abschnitt
behandelt das Phänomen des horizontalen Aufschiebens, bei dem Menschen eine Aufgabe durch
eine andere, weniger wichtige oder unwichtige Aufgabe ersetzen. Das Handeln wird insgesamt auf-
geschoben. Entweder wird zu spät angefangen oder
gar nicht.

4.2. Vertikales Aufschieben: Hier wird das Kon-
zept des vertikalen Aufschiebens vorgestellt, bei
dem Menschen den Fortschritt bei einer Aufgabe
dadurch verlangsamen, dass sie sich in unnötige
Details vertiefen oder perfektionistische Standards
anstreben. Es wird zwar angefangen , aber dann
wird wieder aufgehört, man tut etwas anderes, als

vorgenommen, so dass diese Aufgabe wieder nicht abgeschlossen werden kann.

Fragebogen: Ihr Aufschiebeverhalten erkennen

In diesem Kapitel präsentieren wir einen Fragebogen, der Ihnen hilft, Ihr persönliches Aufschiebeverhalten und dessen Ursachen besser zu verstehen.

Selbstreflexion und Analyse

6.1. Erkennen von Aufschiebemustern: In diesem Abschnitt bieten wir Techniken zur Identifizierung Ihrer eigenen Aufschiebemuster und zur Bewusstwerdung der zugrunde liegenden Gründe.

6.2. Ursachen identifizieren: Hier geben wir Ihnen Werkzeuge an die Hand, um die spezifischen Ursachen Ihres Aufschiebeverhaltens zu identifizieren und besser zu verstehen.

Maßnahmen zur Verhinderung des Aufschiebens

7.1. Selbstregulation: In diesem Abschnitt erklären wir, wie Sie Ihre Selbstregulation verbessern können, um das Aufschieben zu überwinden.

7.2. Selbstkontrolle: Hier zeigen wir Ihnen, wie Sie Ihre Selbstkontrolle stärken können, um impulsiven Ablenkungen zu widerstehen und konsequent an Ihren Zielen zu arbeiten.

7.3. Sofortiges Anfangen: In diesem Abschnitt präsentieren wir Strategien, um sofort mit einer Aufgabe zu beginnen und den ersten Schritt zu tun, um das Aufschieben zu überwinden.

7.4. Belohnungssysteme: Hier erklären wir, wie Sie Belohnungssysteme einrichten können, um sich selbst für das Erreichen von Zielen und Meilensteinen zu motivieren.

7.5. Prioritäten setzen: In diesem Abschnitt beschreiben wir, wie Sie Prioritäten für Ihre Aufgaben festlegen und die richtige Balance zwischen wichtigen und weniger wichtigen Aufgaben finden.

Zeitmanagement

8.1. Die Pomodoro-Methode: Hier stellen wir die Pomodoro-Methode vor, eine effektive Zeitmanagement-Technik, die Ihnen hilft, fokussiert zu bleiben und regelmäßige Pausen einzulegen.

8.2. Aufgabenlisten und Terminplanung: In diesem Abschnitt zeigen wir Ihnen, wie Sie Aufgabenlisten und Terminplanung nutzen können, um Ihre Zeit effizient zu nutzen und den Überblick über Ihre Ziele zu behalten.

8.3. Effektive Pausengestaltung: Hier geben wir Ihnen Tipps, wie Sie Pausen effektiv gestalten können, um Ihre Energie und Konzentration während der Arbeit zu erhalten.

Tools und Tipps, um Aufschieben zu beenden

9.1. Technologische Hilfsmittel: In diesem Abschnitt präsentieren wir nützliche technologische Tools und Apps, die Ihnen helfen können, Ihr Aufschiebeverhalten zu überwinden und Ihre Produktivität zu steigern.

9.2. Umgebung und Arbeitsplatzgestaltung: Hier geben wir Ihnen Tipps zur Gestaltung Ihrer Arbeitsumgebung, um Ablenkungen zu minimieren und eine produktive Atmosphäre zu schaffen.

9.3. Gruppenarbeit und soziale Unterstützung: In diesem Abschnitt erklären wir, wie Sie Gruppenarbeit und soziale Unterstützung nutzen können, um gemeinsam gegen das Aufschieben anzukämpfen und sich gegenseitig zur Verantwortung zu ziehen.

Schlusswort

In diesem letzten Kapitel fassen wir die wichtigsten Erkenntnisse des Buches zusammen und bieten Ihnen weiterführende Ressourcen, um Ihr Wissen über das Aufschieben und die verschiedenen Techniken zur Überwindung dieses Verhaltens zu vertiefen.

Psychologische Grundlagen des Aufschiebens

2.1. Kurzfristige Belohnung und Langzeitfolgen

Ein Hauptgrund für das Aufschieben ist das menschliche Streben nach sofortiger Befriedigung und kurzfristiger Belohnung. Unser Gehirn ist darauf programmiert, schnelle Belohnungen zu bevorzugen, weil sie in der Vergangenheit überlebenswichtig waren. In der heutigen Zeit kann dieses Verhalten jedoch kontraproduktiv sein, insbesondere wenn es darum geht, langfristige Ziele zu erreichen.

Wenn wir vor einer Aufgabe stehen, die Anstrengung erfordert oder unangenehm ist, neigen wir dazu, nach sofortiger Befriedigung zu suchen. Dies kann sich in Form von Ablenkungen manifestieren, wie beispielsweise das Surfen im Internet, das Anschauen von Videos oder das Essen von Snacks. Diese Ablenkungen bieten uns kurzfristige Belohnungen und ein Gefühl von Vergnügen, das jedoch nur vorübergehend ist.

Die kurzfristige Belohnung steht oft im Widerspruch zu den langfristigen Folgen, die das Aufschieben mit sich bringt. Wenn wir unsere Aufgaben immer wieder aufschieben, können wir unsere langfristigen Ziele nicht erreichen, was zu negativen Auswirkungen auf unsere Karriere, unser

Selbstwertgefühl und unsere Lebensqualität führen kann. Zudem kann das Aufschieben dazu führen, dass sich die anstehenden Aufgaben anhäufen und der Stress zunimmt, was wiederum unsere Leistungsfähigkeit beeinträchtigt.

Um dieses Muster des Aufschiebens zu durchbrechen, ist es wichtig, sich der kurzfristigen Belohnungen und der langfristigen Folgen bewusst zu sein. Eine Möglichkeit, dies zu erreichen, ist die Visualisierung der langfristigen Ziele und die bewusste Entscheidung, den Fokus auf die langfristigen Vorteile zu legen, anstatt nach sofortiger Befriedigung zu suchen. Indem wir lernen, kurzfristige Belohnungen zu verschieben und den Fokus auf langfristige Ziele zu richten, können wir unser Aufschiebeverhalten überwinden und erfolgreicher in der Erreichung unserer Ziele werden.

2.2. Angst vor Versagen

Die Angst vor Versagen ist ein häufiges Phänomen, das viele Menschen in unterschiedlichen Lebensbereichen betrifft. Diese Angst kann auf verschiedene Faktoren zurückzuführen sein, wie zum Beispiel negative Erfahrungen, unrealistische Erwartungen an sich selbst oder auch soziale Druck.

Ausführliche Punkte zur Angst vor Versagen:

a) Ursachen: Die Ursachen für die Angst vor Versagen können vielfältig sein, dazu gehören zum Beispiel negative Erfahrungen in der Vergangenheit, mangelndes Selbstvertrauen oder auch ein hohes Maß an sozialem Druck, etwa durch Eltern, Lehrer oder Vorgesetzte.

b) Auswirkungen: Die Angst vor Versagen kann zu einer Vielzahl von negativen Auswirkungen führen, darunter Stress, Selbstzweifel, Prokrastination und sogar psychosomatische Beschwerden wie Kopfschmerzen oder Schlafstörungen.

c) Bewältigungsstrategien: Um mit der Angst vor Versagen umzugehen, können verschiedene Strategien angewendet werden. Dazu gehören zum Beispiel das Setzen realistischer Ziele, das Erlernen von Entspannungstechniken, die Verbesserung der eigenen Selbstwahrnehmung und die Arbeit an einem gesunden Selbstwertgefühl.

2.3. Perfektionismus

Perfektionismus ist ein Persönlichkeitsmerkmal, das sich durch übermäßige Sorgfalt, hohe Ansprüche an sich selbst und eine ständige Unzufriedenheit mit den eigenen Leistungen auszeichnet.

Ausführliche Punkte zum Perfektionismus:

a) Ursachen: Perfektionismus kann auf unterschiedliche Faktoren zurückzuführen sein, wie zum Beispiel eine erlernte Verhaltensweise in der Kindheit, ein hohes Maß an sozialem Druck oder auch individuelle Persönlichkeitseigenschaften.

b) Auswirkungen: Perfektionismus kann sowohl positive als auch negative Auswirkungen haben. Während Perfektionisten oft hohe Leistungen erbringen, leiden sie häufig auch unter Stress, Unzufriedenheit und sind anfälliger für Burnout.

c) Bewältigungsstrategien: Um mit Perfektionismus umzugehen, können verschiedene Ansätze verfolgt werden. Dazu gehören zum Beispiel das Setzen realistischer Ziele, das Akzeptieren von Fehlern und Unvollkommenheiten oder das Erlernen von Entspannungstechniken und Selbstfürsorge.

2.4. Entscheidungsunfähigkeit

Entscheidungsunfähigkeit ist die Schwierigkeit oder Unfähigkeit, Entscheidungen zu treffen, auch wenn alle notwendigen Informationen verfügbar sind. Dies kann auf verschiedene Gründe zurückzuführen sein, wie zum Beispiel mangelndes Selbstvertrauen, Angst vor Fehlern oder Unsicherheit über die eigenen Wünsche und Bedürfnisse.

Ausführliche Punkte zur Entscheidungsunfähigkeit:

a) Ursachen: Entscheidungsunfähigkeit kann auf verschiedene Faktoren zurückzuführen sein, wie zum Beispiel Unsicherheit über die eigenen Bedürfnisse und Wünsche, mangelndes Selbstvertrauen oder auch die Angst vor negativen Konsequenzen einer Entscheidung.

b) Auswirkungen: Die Unfähigkeit, Entscheidungen zu treffen, kann verschiedene negative Auswirkungen haben, wie zum Beispiel Prokrastination, Stress, Ängste und das Gefühl, im Leben nicht voranzukommen. Darüber hinaus kann es zu Schwierigkeiten im zwischenmenschlichen Bereich führen, wenn andere Personen von der Entscheidung betroffen sind.

c) Bewältigungsstrategien: Um Entscheidungsunfähigkeit zu überwinden, können verschiedene Ansätze verfolgt werden. Dazu gehören zum Beispiel:

Informationen sammeln: Stellen Sie sicher, dass Sie über alle notwendigen Informationen verfügen, um eine informierte Entscheidung treffen zu können.

Prioritäten setzen: Identifizieren Sie, welche Aspekte der Entscheidung am wichtigsten sind, und richten Sie Ihren Fokus darauf.

Pro- und Contra-Listen erstellen: Listen Sie die Vor- und Nachteile jeder Option auf, um eine bessere Übersicht zu erhalten und die Entscheidung zu erleichtern.

Vertrauen in die eigene Intuition: Lernen Sie, auf Ihre innere Stimme zu hören und Ihr Bauchgefühl in den Entscheidungsprozess einzubeziehen.

Fristen setzen: Geben Sie sich selbst eine Frist, bis zu der Sie eine Entscheidung treffen müssen, um unnötige Verzögerungen zu vermeiden.

Akzeptieren von Fehlern: Verstehen Sie, dass Fehler zum Leben gehören und dass nicht jede Entscheidung perfekt sein kann. Lernen Sie aus Fehlern und nutzen Sie sie als Chance, zu wachsen und sich weiterzuentwickeln.

Indem Sie diese Strategien anwenden und üben, können Sie Ihre Entscheidungsfähigkeit verbessern und dadurch stressfreier und selbstbewusster Entscheidungen treffen.

3.1. Klassische Konditionierung

Die klassische Konditionierung ist ein Lernprozess, der ursprünglich von dem russischen Psychologen Iwan Pawlow entdeckt wurde. Sie beschreibt, wie ein neutraler Reiz durch wiederholte Assoziation mit einem anderen, biologisch bedeutsamen Reiz die Fähigkeit erlangt, eine Reaktion auszulösen, die zuvor nur von dem biologisch bedeutsamen Reiz ausgelöst wurde.

Ausführliche Punkte zur klassischen Konditionierung:

a) Grundprinzipien: Die klassische Konditionierung basiert auf der Idee, dass zwei Reize, die zeitlich eng miteinander verknüpft sind, eine Assoziation erzeugen können. Ein ursprünglich neutraler Reiz (bedingter Reiz) wird mit einem biologisch bedeutsamen Reiz (unbedingter Reiz) gepaart, bis der neutrale Reiz allein eine Reaktion (bedingte Reaktion) auslöst, die zuvor nur durch den biologisch bedeutsamen Reiz ausgelöst wurde (unbedingte Reaktion).

b) Anwendungsbereiche: Die klassische Konditionierung wurde in verschiedenen Bereichen der Psychologie und darüber hinaus angewendet, zum Beispiel in der Therapie von Ängsten und Phobien, bei der Konditionierung von Geschmacksaversionen oder auch in der Werbung.

c) Bezug zu Aufschieben: Klassische Konditionierung kann auch eine Rolle beim Aufschieben spielen. Zum Beispiel, wenn eine Person immer wieder negative Emotionen mit einer bestimmten Aufgabe verbindet (z.B. Stress oder Frustration), kann diese Assoziation dazu führen, dass die Person die Aufgabe in Zukunft meidet oder aufschiebt.

3.2. Operante Konditionierung

Die operante Konditionierung ist ein Lernprozess, der von dem US-amerikanischen Psychologen B.F. Skinner entwickelt wurde. Sie beschreibt, wie das Verhalten eines Individuums durch die Konsequenzen dieses Verhaltens beeinflusst wird. Bei der operanten Konditionierung können Verstärker (positive oder negative) und Bestrafungen dazu verwendet werden, um ein bestimmtes Verhalten zu fördern oder zu unterdrücken.

Ausführliche Punkte zur operanten Konditionierung:

a) Grundprinzipien: Die operante Konditionierung basiert auf dem Prinzip, dass Verhalten, das zu angenehmen Konsequenzen führt, wahrscheinlicher wieder auftritt (Verstärkung), während Verhalten, das zu unangenehmen Konsequenzen führt, seltener auftritt (Bestrafung). Verstärker können entweder positiv (Hinzufügen von etwas Angenehmem) oder negativ sein (Entfernen von etwas Unangenehmem).

b) Anwendungsbereiche: Die operante Konditionierung wird in verschiedenen Bereichen angewendet, zum Beispiel in der Verhaltenstherapie, der Tierdressur oder auch in der Pädagogik, um erwünschtes Verhalten zu fördern und unerwünschtes Verhalten zu reduzieren.

c) Bezug zu Aufschieben: Operante Konditionierung kann ebenfalls eine Rolle beim Aufschieben spielen. Wenn eine Person beispielsweise kurzfristig angenehme Konsequenzen durch das Aufschieben einer Aufgabe erfährt (z.b. Entspannung oder die Möglichkeit, sich angenehmeren Aktivitäten zuzuwenden), kann dies das Aufschieben verstärken. Gleichzeitig kann die Vermeidung von unangenehmen Konsequenzen (z.B. Stress oder Frustration), die mit der Aufgabe verbunden sind, ebenfalls als negative Verstärkung wirken und das Aufschieben fördern.

Um das Aufschieben in Zusammenhang mit konditionierten Verhaltensweisen zu überwinden, kann es hilfreich sein, die zugrundeliegenden Assoziationen und Verstärkungen zu erkennen und gezielte Strategien zur Veränderung dieser Verhaltensmuster einzusetzen. Dazu gehören:

Umkonditionierung: Bei der Umkonditionierung werden die negativen Assoziationen, die mit einer bestimmten Aufgabe verbunden sind, durch positive Assoziationen ersetzt. Dies kann beispielsweise erreicht werden, indem man sich auf die angenehmen Aspekte der Aufgabe konzentriert oder kleine Belohnungen für das Erreichen von Zwischenzielen einplant.

Anpassung der Verstärker: Durch das gezielte Verändern der Verstärker, die das Aufschieben fördern, kann das Verhalten modifiziert werden. Beispielsweise kann man sich bewusst machen, welche kurzfristigen Vorteile durch das Aufschieben entstehen, und diese Vorteile reduzieren oder eliminieren.

Selbstverpflichtung: Durch das Setzen von konkreten Zielen und Fristen sowie das Eingehen von Verpflichtungen gegenüber sich selbst oder anderen kann die Motivation erhöht werden, eine Aufgabe fristgerecht zu erledigen und das Aufschieben zu überwinden.

Entwicklung von Bewältigungsstrategien: Um den negativen Emotionen, die mit einer Aufgabe verbunden sind, entgegenzuwirken, können verschiedene Bewältigungsstrategien angewendet werden, wie zum Beispiel Entspannungstechniken, Zeitmanagement oder die Arbeit an einer positiven Einstellung zur Aufgabe.

Indem man die Prinzipien der Konditionierung versteht und gezielte Strategien zur Veränderung der konditionierten Verhaltensmuster einsetzt, kann man dem Aufschieben entgegenwirken und produktiver werden.

Persönliches Aufschieben

Aufschieben ist das Verhalten, bei dem eine Person eine Aufgabe oder Entscheidung verzögert oder verschiebt, obwohl sie sich dessen negativen Konsequenzen bewusst ist. Es gibt zwei Haupttypen von Aufschieben: horizontales Aufschieben und vertikales Aufschieben. Beide Arten von Aufschiebeverhalten erfordern unterschiedliche Ansätze zur Überwindung.

4.1. Horizontales Aufschieben

Beim horizontalen Aufschieben wird eine Aufgabe gar nicht erst begonnen. Dies kann aufgrund von

Perfektionismus, Angst, fehlender Motivation oder anderen Faktoren geschehen. Hier sind einige detaillierte Strategien zur Bewältigung des horizontalen Aufschiebens:

a. Realistische Ziele setzen: Wählen Sie Ziele, die erreichbar und messbar sind. Setzen Sie Zwischenziele, um den Fortschritt zu verfolgen und Ihre Motivation zu steigern.

b. Zeitplanung: Organisieren Sie Ihre Zeit, indem Sie einen Zeitplan erstellen, der Ihre täglichen, wöchentlichen und monatlichen Aufgaben und Ziele enthält. Priorisieren Sie Ihre Aufgaben, um sicherzustellen, dass Sie sich auf das Wichtigste konzentrieren.

c. Pomodoro-Technik: Diese Technik besteht darin, in 25-minütigen Arbeitsblöcken, gefolgt von einer 5-minütigen Pause, zu arbeiten. Nach vier Arbeitsblöcken nehmen Sie eine längere Pause von etwa 15-30 Minuten. Dies hilft, die Konzentration aufrechtzuerhalten und Prokrastination zu vermeiden.

d. Ablenkungen vermeiden: Schaffen Sie eine ruhige und aufgeräumte Arbeitsumgebung, um Ablenkungen zu minimieren. Schalten Sie Benachrichtigungen auf Ihrem Computer oder Smartphone aus und nutzen Sie Apps, die den Zugriff auf ablenkende Websites einschränken.

4.2. Vertikales Aufschieben

Beim vertikalen Aufschieben beginnt eine Person eine Aufgabe, unterbricht sie jedoch oder beendet sie nicht. Dies kann aufgrund von mangelnder Motivation, Unsicherheit oder Perfektionismus geschehen. Hier sind einige detaillierte Strategien zur Bewältigung des vertikalen Aufschiebens:

a. Meilensteine setzen: Teilen Sie Ihre Aufgaben in kleinere, überschaubare Teile auf und setzen Sie Meilensteine, um den Fortschritt leichter verfolgen zu können. Dies hilft, das Gefühl der Überforderung zu reduzieren und motiviert Sie, weiterzumachen.

b. Engagement aufrechterhalten: Erinnern Sie sich regelmäßig an Ihre Ziele und den Zweck Ihrer Aufgaben. Visualisieren Sie die positiven Ergebnisse, die Sie erreichen möchten, um Ihre Motivation zu steigern.

c. Belohnungssystem: Erstellen Sie ein Belohnungssystem, bei dem Sie sich nach dem Erreichen von Meilensteinen oder dem Abschluss von Aufgaben belohnen. Dies kann eine kurze Pause, eine Tasse Kaffee oder eine andere angenehme Aktivität sein.

d. Selbstreflexion: Reflektieren Sie regelmäßig über Ihr Aufschiebeverhalten und versuchen Sie, die Gründe dafür zu identifizieren. Fragen Sie sich, warum Sie bestimmte Aufgaben aufschieben und welche Faktoren dazu beitragen. Indem Sie die Ursachen Ihres Aufschiebens erkennen, können Sie gezielte Strategien entwickeln, um diese zu überwinden.

e. Zeitmanagement-Tools: Nutzen Sie Zeitmanagement-Tools wie To-Do-Listen, Kalender oder Projektmanagement-Apps, um Ihre Aufgaben und Fortschritte besser zu organisieren und im Auge zu behalten.

f. Umgang mit Perfektionismus: Wenn Perfektionismus der Grund für das Aufschieben ist, versuchen Sie, Ihre Erwartungen an sich selbst und Ihre Arbeit anzupassen. Akzeptieren Sie, dass Fehler Teil des Lernprozesses sind und dass es in Ordnung ist, nicht immer perfekt zu sein.

g. Unterstützung suchen: Sprechen Sie mit Freunden, Familie oder Kollegen über Ihre Aufschieberitis und bitten Sie um Unterstützung oder Ratschläge. Eine externe Perspektive kann Ihnen helfen,

Ihre Probleme besser zu verstehen und Lösungen zu finden.

h. Feste Arbeitsroutine: Entwickeln Sie eine feste Arbeitsroutine, die Ihrem Lebensstil entspricht und Ihnen hilft, Ihre Produktivität zu steigern. Das kann beispielsweise das Arbeiten zu festen Zeiten, das Einrichten eines Arbeitsplatzes oder das Festlegen von regelmäßigen Pausen beinhalten.

i. Lernen, Entscheidungen zu treffen: Manchmal kann das Aufschieben auf Schwierigkeiten bei der Entscheidungsfindung zurückzuführen sein. Üben Sie, Entscheidungen effektiv und zügig zu treffen, um das Aufschieben von Aufgaben zu reduzieren.

j. Mentale Übungen: Üben Sie Achtsamkeitsmeditation, um Ihren Geist zu beruhigen und sich auf das Hier und Jetzt zu konzentrieren. Dadurch können Sie sich besser auf Ihre Aufgaben konzentrieren und das Aufschieben reduzieren.

Indem Sie diese Strategien und Techniken anwenden, können Sie effektiver mit Ihrem persönlichen Aufschiebeverhalten umgehen, sei es horizontal oder vertikal. Es ist wichtig, verschiedene Ansätze auszuprobieren und herauszufinden, welche am besten für Sie funktionieren, um Ihre Produktivität zu steigern und Ihre Ziele zu erreichen.

Fragebogen für horizontales und vertikales Aufschieben

Ein Fragebogen kann Ihnen dabei helfen, sowohl horizontales als auch vertikales Aufschieben besser zu erkennen und zu verstehen. Hier sind einige Fragen, die Sie verwenden können, um Ihr persönliches Aufschiebeverhalten zu untersuchen:

Horizontales Aufschieben:

Wie oft verschiebe ich Aufgaben, die ich erledigen muss, auf einen späteren Zeitpunkt?

Wie häufig lege ich Pausen oder Ablenkungen ein, bevor ich eine geplante Aufgabe beginne?

Wie oft verschiebe ich Aufgaben aufgrund von Zeitmangel oder weil es zu spät ist, um sie abzuschließen?

Wie häufig beginne ich Aufgaben erst kurz vor dem Fälligkeitstermin oder der Deadline?

Wie oft fühle ich mich überwältigt oder gestresst, weil ich Aufgaben bis zum letzten Moment aufschiebe?

Wie häufig finde ich Ausreden, um eine geplante Aufgabe nicht zu beginnen?

Vertikales Aufschieben:

Wie oft unterbreche ich meine Arbeit an einer Aufgabe, um mich mit anderen Dingen zu beschäftigen?

Wie häufig breche ich eine geplante Handlung ab oder verliere den Fokus, während ich an einer Aufgabe arbeite?

Wie oft verzettele ich mich in Nebensächlichkeiten oder unnötigen Details, anstatt mich auf das Hauptziel der Aufgabe zu konzentrieren?

Wie häufig springe ich zwischen verschiedenen Aufgaben hin und her, ohne eine konkrete Absicht oder Struktur?

Wie oft fühle ich mich unproduktiv oder ineffizient, weil ich während des Arbeitens an einer Aufgabe abgelenkt werde oder den Fokus verliere?

Wie häufig verbringe ich mehr Zeit mit der Planung oder dem Nachdenken über eine Aufgabe, als sie tatsächlich auszuführen?

Bewerten Sie jede Frage auf einer Skala von 1 (trifft selten oder nie zu) bis 5 (trifft häufig oder immer zu). Eine höhere Punktzahl in einer der beiden Kategorien weist darauf hin, dass Sie in diesem Bereich möglicherweise stärker zum Aufschieben neigen.

Indem Sie Ihre Antworten auf diesen Fragebogen analysieren, können Sie ein besseres Verständnis für Ihr persönliches Aufschiebeverhalten entwickeln und gezielte Strategien anwenden, um sowohl horizontales als auch vertikales Aufschieben zu reduzieren und effektiver zu arbeiten.

Maßnahmen zur Verhinderung des Aufschiebens

Um das Aufschieben zu verhindern, ist es wichtig, Techniken zu entwickeln, die Ihnen helfen, Ihre Aufgaben effektiv und rechtzeitig zu erledigen. Hier sind einige detaillierte Ansätze zur Verbesserung der Selbstregulation, Selbstkontrolle und des sofortigen Anfangens:

7.1. Selbstregulation

Selbstregulation bezieht sich auf Ihre Fähigkeit, Ihre Gedanken, Emotionen und Verhaltensweisen zu steuern, um Ihre Ziele zu erreichen. Hier sind einige Strategien zur Verbesserung der Selbstregulation:

a. Zielsetzung: Setzen Sie klare, messbare und erreichbare Ziele, um Ihre Motivation und Ausrichtung zu erhöhen.

b. Emotionsregulation: Lernen Sie, Ihre Emotionen zu erkennen und angemessen zu bewältigen, insbesondere in stressigen oder herausfordernden Situationen.

c. Planung: Erstellen Sie detaillierte Pläne, um Ihre Aufgaben zu organisieren und Prioritäten zu setzen. Berücksichtigen Sie dabei sowohl kurz- als auch langfristige Ziele.

d. Selbstüberwachung: Verfolgen Sie Ihren Fortschritt regelmäßig und passen Sie Ihren Plan bei Bedarf an, um auf Kurs zu bleiben.

7.2. Selbstkontrolle

Selbstkontrolle ist die Fähigkeit, impulsives Verhalten oder unmittelbare Bedürfnisse zu unterdrücken, um langfristige Ziele zu erreichen. Hier sind einige Strategien zur Verbesserung der Selbstkontrolle:

a. Impulskontrolle: Üben Sie, Ihre Impulse zu kontrollieren, indem Sie sich bewusst machen, was sie auslöst, und Strategien entwickeln, um diese zu bewältigen.

b. Ablenkungsmanagement: Identifizieren Sie die Hauptursachen für Ablenkungen in Ihrer Umgebung und entwickeln Sie Strategien, um diese zu reduzieren oder zu eliminieren.

c. Verzögerung der Befriedigung: Lernen Sie, unmittelbare Belohnungen zugunsten langfristiger

Vorteile aufzuschieben. Belohnen Sie sich, nachdem Sie wichtige Aufgaben abgeschlossen oder Meilensteine erreicht haben.

d. Selbstgespräche: Nutzen Sie positive Selbstgespräche, um Ihre Selbstkontrolle zu stärken und Ihre Motivation zu steigern.

7.3. Sofortiges Anfangen

Sofortiges Anfangen bezieht sich auf die Fähigkeit, Aufgaben ohne Verzögerung zu beginnen. Hier sind einige Strategien, um sofortiges Anfangen zu fördern:

a. Fünf-Minuten-Regel: Wenn eine Aufgabe weniger als fünf Minuten dauert, erledigen Sie sie sofort, anstatt sie aufzuschieben.

b. Aufgaben aufteilen: Zerlegen Sie große, überwältigende Aufgaben in kleinere, überschaubare Schritte, um den Einstieg zu erleichtern.

c. Priorisierung: Identifizieren Sie die wichtigsten Aufgaben und erledigen Sie diese zuerst, um den Druck zu reduzieren und ein Gefühl der Vollendung zu fördern.

d. Zeitliche Begrenzung: Setzen Sie sich ein Zeitlimit für das Starten einer Aufgabe, um den Druck zu erhöhen und das Aufschieben zu reduzieren. Zum Beispiel: „Ich werde diese Aufgabe in den nächsten 10 Minuten beginnen."

e. Anker-Aufgaben: Wählen Sie eine Aufgabe, die Sie jeden Tag als ersten Schritt ausführen, um in den Arbeitsmodus zu kommen. Dies kann so einfach sein wie das Lesen Ihrer E-Mails oder das Erstellen einer To-Do-Liste für den Tag.

f. Visualisierung: Stellen Sie sich vor, wie es sich anfühlt, eine Aufgabe erfolgreich abzuschließen, und nutzen Sie diese positive Energie, um sofort anzufangen.

g. Verpflichtung gegenüber anderen: Teilen Sie Ihre Ziele und Aufgaben mit Freunden, Familie oder Kollegen, um sich verantwortlich zu fühlen und das sofortige Anfangen zu fördern.

h. Routinen schaffen: Entwickeln Sie tägliche oder wöchentliche Routinen, die Ihnen helfen, Ihre Aufgaben konsequent und ohne Verzögerung zu beginnen.

i. Umgebung optimieren: Gestalten Sie Ihre Arbeitsumgebung so, dass sie zum sofortigen Anfangen einlädt, indem Sie Ablenkungen minimieren, eine angenehme Atmosphäre schaffen und alle notwendigen Materialien zur Hand haben.

j. Mentale Barrieren überwinden: Identifizieren Sie mentale Barrieren, die das sofortige Anfangen verhindern, wie Perfektionismus, Angst oder Selbstzweifel, und arbeiten Sie daran, diese zu überwinden.

Indem Sie diese Strategien und Techniken anwenden, können Sie effektiver gegen Aufschiebeverhalten vorgehen und Ihr Selbstmanagement verbessern. Denken Sie daran, dass Veränderungen Zeit und Geduld erfordern – seien Sie nachsichtig mit sich selbst und feiern Sie Ihre Erfolge, während Sie an Ihrer persönlichen Entwicklung arbeiten.

7.4. Belohnungssysteme:

Belohnungssysteme sind eine effektive Methode, um Motivation zu steigern und Aufschieben zu überwinden. Indem man sich selbst für erreichte Meilensteine oder abgeschlossene Aufgaben belohnt, kann man die Zufriedenheit und das Engagement bei der Arbeit erhöhen. Einige Beispiele für Belohnungssysteme sind:

a. Kurzfristige Belohnungen: Belohne dich mit einer kleinen Pause, einem Snack oder einer Aktivität, die du genießt, nachdem du einen Teil einer Aufgabe abgeschlossen hast.

b. Langfristige Belohnungen: Setze größere Belohnungen für das Erreichen langfristiger Ziele, wie zum Beispiel einen Urlaub oder den Kauf eines besonderen Gegenstands.

c. Soziale Belohnungen: Teile deine Erfolge mit Freunden, Familie oder Kollegen, um Anerkennung und Unterstützung zu erhalten.

7.5. Prioritäten setzen:

Prioritäten setzen ist ein Schlüsselelement, um effektiv mit dem Aufschieben umzugehen. Indem man die wichtigsten Aufgaben identifiziert und sich darauf konzentriert, kann man sicherstellen, dass wertvolle Zeit und Energie auf das gerichtet sind, was am meisten zählt. Um Prioritäten zu setzen, kann man:

a. Die Eisenhower-Matrix verwenden: Diese Methode hilft, Aufgaben nach Dringlichkeit und Wichtigkeit zu ordnen, um besser zu entscheiden, womit man sich zuerst beschäftigen sollte.

b. Tägliche To-Do-Listen erstellen: Erstelle jeden Tag eine Liste der wichtigsten Aufgaben und arbeite sie in der Reihenfolge ihrer Priorität ab.

c. Langfristige Ziele definieren: Identifiziere deine langfristigen Ziele und arbeite daran, sie in kleinere, überschaubare Aufgaben aufzuteilen, die du täglich angehen kannst.

8.1. Die Pomodoro-Methode:

Die Pomodoro-Methode ist eine Zeitmanagement-Technik, die entwickelt wurde, um die Produktivität zu steigern und das Aufschieben zu reduzieren. Sie besteht aus folgenden Schritten:

a. Wähle eine Aufgabe aus, die du erledigen möchtest.

b. Stelle einen Timer auf 25 Minuten ein (dies ist ein „Pomodoro").

c. Arbeite an der Aufgabe, bis der Timer klingelt.

d. Mache eine kurze Pause von etwa 5 Minuten.

e. Wiederhole die Schritte a bis d. Nach vier „Pomodori" (also vier 25-minütigen Arbeitsintervallen) gönne dir eine längere Pause von etwa 15-30 Minuten.

Die Pomodoro-Methode hilft dabei, die Konzentration aufrechtzuerhalten, indem sie die Arbeit in überschaubare Intervalle unterteilt und regelmäßige Pausen vorsieht. Dies kann dazu beitragen, das Aufschieben zu verringern und die Effizienz bei der Arbeit zu erhöhen.

7.4. Belohnungssysteme:

Belohnungssysteme sind eine effektive Methode, um Motivation zu steigern und Aufschieben zu überwinden. Indem man sich selbst für erreichte Meilensteine oder abgeschlossene Aufgaben belohnt, kann man die Zufriedenheit und das Engagement bei der Arbeit erhöhen. Einige Beispiele für Belohnungssysteme sind:

a. Kurzfristige Belohnungen: Belohne dich mit einer kleinen Pause, einem Snack oder einer Aktivität, die du genießt, nachdem du einen Teil einer Aufgabe abgeschlossen hast.

b. Langfristige Belohnungen: Setze größere Belohnungen für das Erreichen langfristiger Ziele, wie zum Beispiel einen Urlaub oder den Kauf eines besonderen Gegenstands.

c. Soziale Belohnungen: Teile deine Erfolge mit Freunden, Familie oder Kollegen, um Anerkennung und Unterstützung zu erhalten.

7.5. Prioritäten setzen:

Prioritäten setzen ist ein Schlüsselelement, um effektiv mit dem Aufschieben umzugehen. Indem man die wichtigsten Aufgaben identifiziert und sich darauf konzentriert, kann man sicherstellen, dass wertvolle Zeit und Energie auf das gerichtet sind, was am meisten zählt. Um Prioritäten zu setzen, kann man:

a. Die Eisenhower-Matrix verwenden: Diese Methode hilft, Aufgaben nach Dringlichkeit und Wichtigkeit zu ordnen, um besser zu entscheiden, womit man sich zuerst beschäftigen sollte.

b. Tägliche To-Do-Listen erstellen: Erstelle jeden Tag eine Liste der wichtigsten Aufgaben und arbeite sie in der Reihenfolge ihrer Priorität ab.

c. Langfristige Ziele definieren: Identifiziere deine langfristigen Ziele und arbeite daran, sie in kleinere, überschaubare Aufgaben aufzuteilen, die du täglich angehen kannst.

8.1. Die Pomodoro-Methode:

Die Pomodoro-Methode ist eine Zeitmanagement-Technik, die entwickelt wurde, um die Produktivität zu steigern und das Aufschieben zu reduzieren. Sie besteht aus folgenden Schritten:

a. Wähle eine Aufgabe aus, die du erledigen möchtest.

b. Stelle einen Timer auf 25 Minuten ein (dies ist ein „Pomodoro").

c. Arbeite an der Aufgabe, bis der Timer klingelt.

d. Mache eine kurze Pause von etwa 5 Minuten.

e. Wiederhole die Schritte a bis d. Nach vier „Pomodori" (also vier 25-minütigen Arbeitsintervallen) gönne dir eine längere Pause von etwa 15-30 Minuten.

Die Pomodoro-Methode hilft dabei, die Konzentration aufrechtzuerhalten, indem sie die Arbeit in überschaubare Intervalle unterteilt und regelmäßige Pausen vorsieht. Dies kann dazu beitragen, das

Aufschieben zu verringern und die Effizienz bei der Arbeit zu erhöhen.

8.2. Aufgabenlisten und Terminplanung:

Aufgabenlisten und Terminplanung sind wichtige Werkzeuge, um das Aufschieben zu bekämpfen und die Produktivität zu erhöhen. Hier sind einige Tipps, um diese Werkzeuge effektiv einzusetzen:

a. Erstelle tägliche und wöchentliche Aufgabenlisten: Schreibe jeden Tag oder jede Woche eine Liste der Aufgaben, die erledigt werden müssen. Dies gibt dir einen klaren Überblick über deine Prioritäten und hilft dir, den Fortschritt zu verfolgen.

b. Setze realistische Fristen: Lege für jede Aufgabe eine realistische Frist fest, um ein Gefühl der Dringlichkeit zu schaffen und das Aufschieben zu verhindern.

c. Plane regelmäßige Überprüfungen: Überprüfe deine Aufgabenlisten regelmäßig, um sicherzustellen, dass du auf dem richtigen Weg bist und um Anpassungen vorzunehmen, wenn nötig.

d. Nutze digitale Tools: Verwende digitale Tools wie Kalender-Apps oder Aufgabenverwaltungssoftware, um deine Aufgaben und Termine effektiv zu organisieren.

8.3. Effektive Pausengestaltung:

Pausen sind wichtig, um die mentale Energie und Konzentration aufrechtzuerhalten. Hier sind einige Tipps für effektive Pausengestaltung:

a. Plane regelmäßige Pausen: Lege im Voraus fest, wann du Pausen machen möchtest, um sicherzustellen, dass du genügend Erholungszeit erhältst.

b. Verwende die 5-10 Minuten-Pausenregel: Nach etwa einer Stunde konzentrierter Arbeit, mache eine Pause von 5-10 Minuten, um den Geist zu erfrischen.

c. Nutze Pausen sinnvoll: Verbringe die Pausen mit Aktivitäten, die dich entspannen und erfrischen, wie zum Beispiel einen kurzen Spaziergang, Dehnübungen oder eine Atemübung.

d. Vermeide Ablenkungen in Pausen: Während der Pausen sollte man versuchen, sich von potenziellen Ablenkungen fernzuhalten, wie zum Beispiel sozialen Medien oder E-Mails, um die Erholung zu maximieren.

9.1. Technologische Hilfsmittel:

Es gibt verschiedene technologische Hilfsmittel, die dabei helfen können, das Aufschieben zu beenden und die Produktivität zu steigern:

a. Aufgabenverwaltungs-Apps: Tools wie Todoist, Trello oder Asana können helfen, Aufgaben effektiv zu organisieren, Prioritäten zu setzen und den Fortschritt zu verfolgen.

b. Zeitmanagement-Apps: Apps wie Focus@Will oder RescueTime können dabei helfen, die Zeit besser zu nutzen und Ablenkungen zu minimieren.

c. Browser-Erweiterungen: Erweiterungen wie StayFocusd oder Freedom können dazu verwendet werden, den Zugriff auf ablenkende Websites während der Arbeitszeit zu beschränken.

d. Pomodoro-Apps: Tools wie TomatoTimer oder Focus Booster können helfen, die Pomodoro-Technik umzusetzen, indem sie die Arbeits- und Pausenzeiten automatisch verwalten.

e. Kalender-Apps: Verwende digitale Kalender wie Google Kalender oder Microsoft Outlook, um Termine, Fristen und wichtige Ereignisse effektiv zu planen und zu verwalten. Diese Apps bieten oft Funktionen wie Erinnerungen, wiederkehrende

Ereignisse und die Möglichkeit, Aufgaben direkt in den Kalender zu integrieren.

Indem du diese technologischen Hilfsmittel nutzt, kannst du dein Zeitmanagement verbessern, Ablenkungen reduzieren und effektiver mit dem Aufschieben umgehen. Es ist wichtig, diejenigen auszuwählen, die am besten zu deinem Arbeitsstil und deinen persönlichen Bedürfnissen passen, um maximale Vorteile zu erzielen. Experimentiere mit verschiedenen Tools und finde heraus, welche am besten für dich funktionieren, um deine Produktivität zu steigern und das Aufschieben zu überwinden.

9.2. Umgebung und Arbeitsplatzgestaltung:

Die Gestaltung deiner Arbeitsumgebung kann einen großen Einfluss auf deine Produktivität und dein Aufschiebeverhalten haben. Hier sind einige Tipps, um deinen Arbeitsplatz effektiv zu gestalten:

a. Sorge für Ordnung: Halte deinen Arbeitsplatz sauber und aufgeräumt, um Ablenkungen zu minimieren und den Fokus auf deine Aufgaben zu erleichtern.

b. Ergonomie beachten: Achte darauf, dass dein Arbeitsplatz ergonomisch gestaltet ist, um körperliche Beschwerden und Ermüdung zu vermeiden.

c. Optimiere die Beleuchtung: Achte auf ausreichendes Tageslicht und/oder eine angemessene Beleuchtung, um die Augenbelastung zu reduzieren und die Stimmung zu verbessern.

d. Personalisiere deinen Arbeitsplatz: Gestalte deinen Arbeitsplatz so, dass er deine Persönlichkeit widerspiegelt und dich inspiriert, zum Beispiel mit inspirierenden Zitaten oder persönlichen Gegenständen.

e. Begrenze Ablenkungen: Entferne potenzielle Ablenkungen wie Handys, Fernseher oder laute Geräusche, um eine konzentrierte Arbeitsumgebung zu schaffen.

9.3. Gruppenarbeit und soziale Unterstützung:

Die Zusammenarbeit mit anderen und die Suche nach sozialer Unterstützung können helfen, das Aufschieben zu bekämpfen und die Produktivität zu erhöhen. Hier sind einige Möglichkeiten, wie Gruppenarbeit und soziale Unterstützung genutzt werden können:

a. Arbeitsgruppen bilden: Schließe dich mit Kollegen oder Freunden zusammen, die ähnliche Aufgaben oder Ziele haben, um gemeinsam an Projekten zu arbeiten und euch gegenseitig zu motivieren.

b. Verantwortlichkeit schaffen: Teile deine Ziele und Fristen mit anderen, um ein Gefühl der Verantwortlichkeit zu schaffen, das dich dazu anspornt, Aufgaben rechtzeitig zu erledigen.

c. Erfahrungen austauschen: Tausche dich mit anderen über Herausforderungen, Erfolge und Tipps im Umgang mit dem Aufschieben aus, um voneinander zu lernen und Best Practices zu entwickeln.

d. Mentoring und Coaching: Suche nach einer Mentorin oder einem Mentor, die oder der dir hilft, Ziele zu setzen, Prioritäten zu identifizieren und Strategien zur Bewältigung des Aufschiebens zu entwickeln.

Schlusswort:

Das Aufschieben ist eine Herausforderung, mit der viele Menschen konfrontiert sind, aber es gibt viele Strategien und Techniken, die helfen können, dieses Verhalten zu überwinden. Indem du deine Arbeitsumgebung optimierst, Zeitmanagement-Methoden anwendest, technologische Hilfsmittel nutzt und soziale Unterstützung suchst, kannst du effektiver mit dem Aufschieben umgehen und deine Produktivität steigern. Denke daran, dass es wichtig ist, diejenigen Techniken und Ansätze zu finden, die am besten zu deinem individuellen Arbeitsstil und deinen persönlichen Bedürfnissen passen.